Simon Fendo

Impacto das práticas de aprovisionamento global no desempenho operacional

Simon Fendo

Impacto das práticas de aprovisionamento global no desempenho operacional

ScienciaScripts

Imprint

Cover image: www.ingimage.com

This book is a translation from the original published under ISBN 978-3-330-33241-6.

Publisher:
Sciencia Scripts
is a trademark of
Dodo Books Indian Ocean Ltd. and OmniScriptum S.R.L publishing group

120 High Road, East Finchley, London, N2 9ED, United Kingdom
Str. Armeneasca 28/1, office 1, Chisinau MD-2012, Republic of Moldova, Europe
Printed at: see last page
ISBN: 978-620-8-32395-0

RESUMO

O sourcing global é visto por muitas empresas como um meio importante de melhorar a sua vantagem competitiva, particularmente na economia globalizada de hoje. O objetivo do estudo é determinar as práticas de aprovisionamento global adoptadas pelos fabricantes de têxteis e de vestuário no Quénia, descobrir o impacto das práticas de aprovisionamento global no desempenho operacional dos fabricantes de têxteis e de vestuário no Quénia e identificar os desafios associados à adoção de práticas de aprovisionamento global pelos fabricantes de têxteis e de vestuário no Quénia. O estudo baseia-se em três teorias, nomeadamente a teoria baseada nos recursos, a teoria da dependência dos recursos e a teoria das vantagens comparativas. As práticas de aprovisionamento global estudadas são a produção por encomenda, o off-shoring, o aprovisionamento global, o aprovisionamento duplo e a contratação eletrónica. O estudo foi concebido como um inquérito transversal. A população do estudo era constituída por 63 empresas do sector têxtil e do vestuário. Neste estudo, os dados primários foram recolhidos através de um questionário estruturado. O questionário foi distribuído através do método "drop-and-pick-later". Os dados recolhidos foram ajustados, validados e verificados quanto à exatidão, uniformidade, consistência e exaustividade. Foram utilizadas estatísticas descritivas para identificar as práticas de aprovisionamento global adoptadas pelos fabricantes de têxteis e vestuário, bem como os desafios que enfrentam ao fazê-lo. Foi utilizado um modelo de análise de regressão para determinar o impacto das práticas de aprovisionamento global no desempenho operacional das empresas do sector têxtil e do vestuário. O estudo revelou que o dual sourcing era a prática mais utilizada, seguida do e-procurement e da externalização global. A prática de sourcing global menos utilizada foi o off-shoring. No entanto, as empresas utilizaram todas as práticas de fornecimento global - subcontratação, deslocalização, externalização global, duplo fornecimento e contratação pública eletrónica - em graus variáveis. O estudo concluiu que a externalização global, o duplo fornecimento, a contratação eletrónica, a externalização e a produção por encomenda tinham um impacto positivo, mas não significativo, no desempenho operacional. Isto deve-se ao facto de o valor P não ser inferior a 0,005. O estudo conclui também que a capacidade dos fornecedores, o nível de acesso à Internet por parte dos fornecedores mais pequenos e a natureza das leis e práticas do comércio internacional são os principais desafios que influenciam a adoção de práticas de abastecimento global. Outros factores que complicam a introdução do sourcing global incluem os direitos aduaneiros e as restrições não pautais, as diferenças culturais e linguísticas, a natureza da logística global, o grau de apoio da gestão de topo e a resistência à mudança. O investigador recomenda que os fabricantes de têxteis e de vestuário no Quénia adoptem práticas de aprovisionamento global, tais como a produção por encomenda, o offshoring, o aprovisionamento global, o aprovisionamento duplo e a contratação pública eletrónica. Outra recomendação é que os governos devem introduzir tarifas claramente definidas e impostos reduzidos e pôr em prática políticas favoráveis para garantir que o sourcing global seja mais frutífero para as empresas têxteis e de vestuário.

Palavras-chave: gestão das operações, desempenho das operações, externalização global, contratação pública eletrónica, fabrico a pedido, fabrico de vestuário

Capítulo 1	3
Capítulo 2	9
Capítulo 3	18
Capítulo 4	21
Capítulo 5	32
REFERÊNCIAS	35
APÊNDICES	39

Capítulo 1

INTRODUÇÃO

1.1 Antecedentes do estudo

A concorrência global obrigou as empresas a desenvolver e a seguir estratégias de compras internacionais destinadas a reduzir os custos e a otimizar a qualidade (Gianluca, 2007). Consequentemente, as estratégias de aprovisionamento internacional tornaram-se um fator competitivo importante para as empresas que procuram tornar-se globais. O sourcing global é uma estratégia empresarial que tem por objetivo utilizar recursos e materiais à escala mundial. Modi e Schoenher (2011) afirmam que o sourcing global envolve a integração e a coordenação de materiais, itens comuns, processos, projectos, tecnologias e fornecedores em locais de compra e operação globais. Implica a consolidação global das necessidades de abastecimento global em toda a empresa e a utilização de fontes distribuídas a nível mundial. O aprovisionamento global é, por conseguinte, considerado por muitas empresas como uma medida importante para melhorar a sua vantagem competitiva, especialmente na atual economia globalizada (Jin e Kang, 2013).

Várias teorias, amplamente utilizadas no domínio do aprovisionamento global, são relevantes para a investigação atual. Estas teorias específicas incluem a teoria baseada nos recursos, a teoria da dependência dos recursos e a teoria das vantagens comparativas. A teoria baseada nos recursos afirma que a posse e o controlo dos recursos e das competências estratégicas determinam quais as empresas que obtêm rendimentos acima da média e ganham vantagem competitiva (Peteraf & Barney, 2003). A principal razão pela qual as empresas se envolvem no sourcing global é para obter uma forma de vantagem competitiva. A teoria da interdependência dos recursos pressupõe que as empresas envolvidas num processo de produção ou de prestação de serviços devem cooperar entre si para obterem um melhor desempenho a longo prazo, em vez de obterem lucros a curto prazo à custa de outros. Por último, a teoria da vantagem comparativa tenta explicar por que razão as nações devem participar no comércio internacional e no sourcing global, mesmo que não exista uma vantagem absoluta.

No Quénia, a indústria transformadora é um dos maiores sectores. Este sector tem 14 (catorze) subsectores, nomeadamente serviços e consultoria, construção, minas e construção, produtos químicos e sectores afins, energia, eletricidade e eletrónica, alimentos e bebidas, couro e calçado, metais e sectores afins, veículos a motor e acessórios, papel e cartão, produtos farmacêuticos e equipamento médico, plásticos e borracha, produtos frescos, têxteis e vestuário, e madeira e mobiliário (KAM, 2016). Sendo uma área importante do crescimento económico global, a indústria transformadora requer uma análise abrangente a nível setorial e empresarial.

1.1.1 Práticas globais de aquisição

O sourcing global foi identificado como um dos maiores desafios para os departamentos de compras das empresas (Steinle & Schiele, 2008). Trent e Monczka (2005) sugerem que o sourcing global é uma estratégia para um departamento de compras que procura obter economias de escala através de benchmarking e normalização em toda a empresa. Isto requer uma harmonização global dos processos, entregas, projectos, conhecimentos técnicos e fornecedores.

Uma empresa pode utilizar uma série de procedimentos de aprovisionamento global. Tsuma (2014) mostrou que o sector hoteleiro praticava três estratégias de aprovisionamento global, nomeadamente o outsourcing global, a produção por encomenda e as compras internacionais. O estudo de Haartman e Bengtsson (2015) identificou práticas específicas como o sistema de qualificação de fornecedores, o envolvimento dos fornecedores na conceção de produtos e a integração da cadeia de abastecimento. Gadde, Hakansson e Persson (2010) constataram que o envolvimento dos fornecedores na conceção dos produtos tem sido cada vez mais esperado nos últimos anos devido a uma tendência crescente para a externalização e a concentração nas competências essenciais das empresas. Matthyssens, Quintens e Faes (2003) também sugerem que a formação intensiva do pessoal em compras globais influencia o desenvolvimento de relações de parceria internacionais e a sua eficácia e longevidade globais. Outras práticas incluem a externalização global, o fabrico por contrato, o offshoring e o dual sourcing. O presente estudo centra-se no fabrico por encomenda, na externalização, na externalização global, na dupla fonte e na contratação pública eletrónica.

1.1.2 Práticas globais de aquisição e desempenho operacional

A utilização de sítios geograficamente dispersos no sourcing global exige o trânsito de bens e serviços adquiridos através de países e continentes. As empresas que utilizam o aprovisionamento global têm de lidar com as dificuldades operacionais do aprovisionamento internacional e com a coordenação de funções e locais espalhados por todo o mundo (Trent & Monczka, 2005). Uma vez que as compras representam a maior parte dos custos totais de uma empresa, o aprovisionamento tornou-se uma parte importante da gestão (Monczka & Trent, 2003).

O desempenho operacional de uma empresa é medido utilizando indicadores prescritos de eficiência, eficácia e responsabilidade ambiental, tais como o tempo de ciclo, a produtividade, a conformidade regulamentar e a redução de resíduos. A tónica é colocada na utilização óptima dos recursos disponíveis para maximizar a produção da empresa, o que resulta em produtos rentáveis e num valor acrescentado para o cliente através da redução de resíduos. A repartição correta dos custos da empresa em componentes individuais tem um impacto no desempenho global da empresa, conduzindo a uma melhoria contínua dos processos. (Prajogo & Goh, 2007) acreditam que a medição dos custos permite que as actividades relacionadas com a qualidade sejam apresentadas na linguagem da gestão. O desempenho operacional também envolve a melhoria da velocidade dos serviços e da entrega de produtos. A melhoria da velocidade permite que uma organização reduza o tempo entre o pedido de serviço e a entrega.

O global sourcing é a melhor estratégia para as empresas reduzirem os custos de mão de obra e terem acesso a tecnologias e recursos modernos. O aumento dos avanços tecnológicos tornou economicamente vantajoso e viável para as empresas recorrerem a fontes de abastecimento no estrangeiro (Rajeev & Narendar, 2005). Um estudo efectuado por Jain, Girotra e Netessine (2014) concluiu que os benefícios do aprovisionamento global incluíam um melhor desempenho do inventário e, por conseguinte, uma vantagem competitiva.

1.1.3 A indústria têxtil e do vestuário no Quénia

O sector têxtil e do vestuário do Quénia tem o potencial de transformar o país de uma economia de baixo rendimento para uma economia de rendimento médio, resolvendo o problema do desemprego (AGOA, 2012). O sector oferece a oportunidade de aumentar o valor acrescentado, melhorar a logística empresarial e construir carreiras e qualificações que vão desde o técnico ao gestor. É, portanto, uma porta de entrada para outros produtos industriais, oferecendo ao país a oportunidade de assegurar uma parte do crescente comércio global.

A melhor forma de resolver os problemas que afectam a indústria transformadora e, por conseguinte, subsectores específicos como os têxteis e o vestuário, é através do aprovisionamento global. ACTIVOS

(2010) identifica a baixa produtividade, as más condições de infraestrutura e os altos custos de entrada, os fluxos ineficientes de bens e serviços e um ambiente de negócios desfavorável como factores-chave a serem abordados a nível nacional. Este sector é apropriado para o estudo, uma vez que a Visão 2030 se concentra nos têxteis e no vestuário no sector transformador para conduzir a economia a uma taxa de crescimento de 10% e apoiar a agenda de desenvolvimento social do país através da criação de empregos, atraindo investimento direto estrangeiro e gerando divisas.

1.2 Problema de investigação

O sourcing global é um conceito de sourcing estratégico que constitui a base do custo total de propriedade e optimiza a direção, a gestão e o controlo da missão global da organização (Kharvi, 2010). No passado recente, as condições de mercado evoluíram, ocorreram mudanças tecnológicas radicais e a concorrência global intensificou-se, aumentando a pressão para melhorar a forma como as empresas trabalham (Magenda & Iravo, 2014). Como resultado, o global sourcing está a revelar-se uma arma estratégica para reduzir custos, construir uma cadeia de abastecimento eficiente, melhorar a qualidade e promover a inovação.

O sector transformador do Quénia contribui com 9,2% para o produto interno bruto (PIB) e abastece tanto o mercado local como as exportações para a região da África Oriental (KIPPRA, 2013). Existe um potencial de crescimento significativo para o sector se o governo conseguir implementar uma série de estratégias propostas, incluindo a melhoria do fornecimento de eletricidade, a abertura da união aduaneira da Comunidade da África Oriental, a implementação de contratos no âmbito do Mercado Comum da África Oriental e Austral, a isenção de direitos aduaneiros para as máquinas de produção, a produção alfandegária e o levantamento das restrições ao repatriamento de capitais estrangeiros, em especial para as filiais de multinacionais. Este crescimento facilitaria a realização da Visão 2030. Isto justifica um estudo aprofundado sobre a melhor forma de promover o sector da indústria transformadora, nomeadamente no subsector dos têxteis e do vestuário.

Foram efectuados vários estudos que são relevantes para este trabalho, tanto a nível local como internacional. Han, Dresner e Windle (2008) concluíram que as actividades de importação e exportação tinham um impacto positivo nas existências de matérias-primas e de produtos acabados. Murray, Kotabe e Westjohn (2009) também descobriram que as empresas que alinham estrategicamente a sua estratégia de aprovisionamento com as caraterísticas dos serviços empresariais de conhecimento intensivo (KIBS) para cada atividade KIBS têm um desempenho superior ao das empresas que não o fazem. Noutro estudo, Magara, Oloko e Nyang'au (2014) concluíram que uma estratégia de sourcing global bem gerida beneficia tanto os clientes como as empresas, uma vez que pode proporcionar elevada qualidade, flexibilidade, custos mais baixos, maior fiabilidade de entrega e tempos de resposta rápidos às encomendas dos clientes. Todos estes estudos sublinham a importância do aprovisionamento global, de uma forma ou de outra. É importante notar que o sector da produção está em constante evolução e que a indústria enfrenta novos desafios todos os anos, incluindo a regulamentação e a rastreabilidade, o desenvolvimento e a inovação de produtos, o défice de competências de produção, os custos dos cuidados de saúde, as preocupações e considerações ambientais e a necessidade de equilibrar a manutenção e o rendimento. Este estudo responde à pergunta: "Qual é o impacto das práticas de aprovisionamento global no desempenho operacional das empresas têxteis e de vestuário no Quénia?"

1.3 Objectivos da investigação

Os objectivos deste estudo foram os seguintes

i. Identificar as práticas de aprovisionamento global utilizadas pelos fabricantes de têxteis e vestuário no Quénia.
ii. Determinar o impacto das práticas de aprovisionamento global no desempenho operacional dos fabricantes de têxteis e vestuário no Quénia
iii. Identificar os desafios associados à adoção de práticas de aprovisionamento global pelas empresas têxteis e de vestuário no Quénia.

1.4 Valor do estudo

Em primeiro lugar, o estudo acrescenta valor à disciplina da gestão das operações, em particular na área da obtenção de uma gestão optimizada através de uma gestão eficaz da cadeia de abastecimento. Ao identificar a lacuna de conhecimento, o estudo fornece uma base para investigação futura. O estudo também fornece aos investigadores uma base para o domínio emergente do aprovisionamento global como um mecanismo para melhorar a eficiência operacional no âmbito do conceito mais vasto de gestão da cadeia de abastecimento.

Os resultados deste estudo serão úteis para a elaboração de diretrizes políticas com vista à alteração do quadro institucional e das medidas políticas. O estudo servirá de base para a formulação de medidas no domínio da gestão da cadeia de abastecimento, nomeadamente no domínio dos contratos públicos. Para o governo, a informação será útil no desenvolvimento de políticas e regulamentos favoráveis às empresas locais que pretendam adquirir materiais a nível internacional, bem como às multinacionais que pretendam adquirir materiais e mão de obra no Quénia.

Na prática, os resultados do estudo serão úteis para a gestão e o pessoal das empresas transformadoras e afins, que ficarão a saber como é que as suas empresas podem realizar um Global Sourcing eficaz. O estudo também fornece uma compreensão da importância do Global Sourcing na obtenção de vantagens competitivas para as empresas através de um desempenho operacional eficaz. Compreender o impacto do Global Sourcing no desempenho operacional ajudará os gestores de topo e os decisores das empresas transformadoras a concentrarem-se na obtenção destas condições e dos efeitos desejados. Permitirá às empresas avaliar as vantagens do Global Sourcing em relação ao sourcing nacional e internacional.

Capítulo 2

REVISÃO DA LITERATURA

2.1 Introdução

Este capítulo analisa as várias teorias que fornecem explicações para o conceito de sourcing global, dá uma visão geral das práticas de sourcing global, apresenta estudos relevantes para este estudo e resume a revisão da literatura.

2.2 Panorama teórico

O estudo baseia-se em três teorias: a teoria baseada nos recursos, a teoria da dependência dos recursos e a teoria das vantagens comparativas.

2.2.1 Teoria baseada em recursos

De acordo com esta teoria, uma empresa é capaz de criar e manter uma vantagem competitiva se for capaz de identificar e possuir recursos estratégicos internos que conduzam a um melhor desempenho (Crook, Ketchen, Combs & Todd, 2008). Os autores defendem ainda que um recurso é considerado estratégico se for valioso, não substituível e escasso, e se puder ser utilizado para melhorar a posição competitiva e o desempenho de uma empresa. De acordo com esta teoria, as empresas identificarão sempre os recursos estratégicos que lhes permitirão obter e manter uma vantagem competitiva (Sirmon, Hitt & Ireland, 2007). O aprovisionamento global é, por conseguinte, um recurso estratégico que pode ser utilizado para melhorar o desempenho operacional. De acordo com a teoria, é a disponibilidade ou indisponibilidade de recursos para uma empresa que determina se esta irá ou não adquirir recursos a uma escala global.

De acordo com esta teoria, uma empresa pode utilizar recursos estratégicos através da celebração de contratos que fornecem uma base para determinar quais as actividades que devem ser subcontratadas, quais as que devem ser realizadas internamente e quais os recursos que devem ser adquiridos no mercado (Gainey & Klaas, 2003). As empresas podem ter recursos como recursos humanos e físicos, uma boa estrutura organizacional e prosperidade financeira, o que pode levar à criação de vantagens competitivas (Miller & Ross, 2003).

2.2.2 Teoria da dependência de recursos

De acordo com esta teoria, uma organização pode sobreviver minimizando situações de incerteza e dependência, embora se apresente como um sistema aberto dependente dos caprichos do ambiente externo (Delke, 2015). Esta dependência do ambiente externo para recursos críticos, como o apoio financeiro, sujeita a organização ao controlo externo (Brettel & Voss, 2013).

Esta teoria baseia-se no princípio de que as empresas não podem ser totalmente auto-suficientes em termos de recursos estratégicos críticos e que, por conseguinte, dependem dos recursos de outras empresas para obter e manter uma vantagem competitiva (Heide, 1994). No entanto, as empresas devem gerir esta dependência com outras empresas, a fim de alcançar um desenvolvimento sustentável (Ulrich & Barney, 1984). As empresas precisam de controlar ou ter acesso a recursos críticos, tais como normas, procedimentos, tecnologias de base, fontes de materiais e canais de distribuição. Isto pode ser conseguido através da implementação de procedimentos eficazes de aprovisionamento global. As empresas que não dispõem de determinados recursos podem obtê-los junto de outras empresas, estabelecendo relações eficazes que ajudam a reduzir as incertezas no ambiente operacional (Carter & Rogers, 2008).

2.2.3 Teoria da vantagem comparativa

A abordagem de global sourcing permite às empresas combinar as suas competências e as dos seus fornecedores com as várias vantagens associadas à sua localização, a fim de criar uma vantagem competitiva (Mudambi, 2008). Muitas empresas estão, portanto, a utilizar esta abordagem como base para manter relações com fornecedores de diferentes países com diferentes competências. No entanto, as empresas enfrentam o desafio de distinguir entre os artigos que devem ser comprados globalmente em diferentes territórios e os que devem ser comprados localmente (Trautmann, Bals & Hartmann, 2009). Em geral, a teoria afirma que os países podem beneficiar do comércio livre mesmo que mais de um país possa produzir os mesmos produtos da forma mais eficiente (Daniels, Radebaugh & Sullivan, 2013).

Yeniyurt, Henke e Cavusgil (2011) argumentam que o global sourcing permite às multinacionais beneficiar de vantagens comparativas e competitivas através da integração de diferentes actividades de valor acrescentado em diferentes locais. Esta teoria incentiva a especialização da produção e torna-se assim uma fonte de vantagem competitiva, uma vez que os países compram o que não podem produzir de forma mais eficiente ao país que o pode fazer. Muitas empresas optam pelo aprovisionamento global porque querem chegar mais rapidamente ao mercado através da especialização e da concentração (Kotabe & Mudambi, 2009).

2.3 Práticas globais de aquisição

As práticas de aprovisionamento global têm como objetivo reduzir os custos e contribuir para a criação de múltiplas fontes de abastecimento a partir das quais os artigos podem ser adquiridos. Estas práticas incluem o seguinte:

2.3.1 Feito por encomenda

A subcontratação consiste em recorrer a prestadores de serviços externos para se encarregarem das actividades da empresa ou para facilitarem determinadas decisões. O envolvimento de prestadores de serviços independentes está sujeito a termos contratualmente acordados (Mckone & Tomulo, 2002). Como parte deste processo, as empresas também celebram contratos para a utilização de recursos do ISP, incluindo pessoal, instalações, equipamento, tecnologia e outros activos. O poder de decisão sobre determinados aspectos da atividade é igualmente transferido.

A produção por encomenda permite às empresas satisfazer as necessidades dos clientes, utilizando os recursos de forma mais eficiente e melhorando a distribuição de bens e serviços. Ao introduzir o fabrico por encomenda como parte do processo da cadeia de abastecimento, as empresas precisam de implementar práticas que lhes permitam agir ou comportar-se de forma coerente. As práticas identificadas incluem a necessidade de integrar comportamentos e processos, partilhar informações, riscos comerciais e objectivos de serviço ao cliente, e desenvolver um quadro estruturado para parceria e colaboração.

2.3.2 Deslocalização

Jabbour (2010) afirma que o offshoring significa que certas actividades de produção são realizadas no estrangeiro. Tallman (2010), por seu lado, defende que se trata de tirar partido de eventuais custos operacionais mais baixos. Mukherjee e Kedia (2009), por seu lado, consideram o offshoring uma prática estratégica através da qual as empresas deslocalizam para o estrangeiro actividades comerciais que anteriormente eram realizadas internamente. Fazem também a distinção entre offshoring interno e externo. O offshoring interno ocorre quando as empresas estabelecem centros operacionais no estrangeiro, mantendo o controlo total (offshoring cativo). O offshoring externo é visto como o processo através do qual as empresas se deslocam para outro país, mas recorrem também a um fornecedor estrangeiro para desempenhar a função empresarial (externalização offshore).

De acordo com Jabbour (2010), o offshoring é visto como uma estratégia de internacionalização dentro da empresa ou através de transacções de mercado. Uma estratégia de offshoring exigiria mudanças no modelo de negócio de uma empresa e, embora funcione para muitos, várias empresas falharam e, infelizmente, o fracasso pode afetar a competitividade de uma empresa, bem como a sua reputação a longo prazo (Vagadia, 2012). O offshoring é visto como uma estratégia rentável e, na sua tentativa de reduzir os custos, muitas empresas não tiveram em conta os potenciais custos incorridos, tais como os custos iniciais de seleção de um local e as potenciais taxas legais associadas ao estabelecimento de um local offshore (Oshri, Kotlarsky & Willcocks, 2009).

2.3.3 Externalização global

De acordo com Monczka e Trent (1991), a externalização global refere-se à integração e coordenação dos requisitos de fornecimento a nível mundial. As necessidades de fornecimento dizem respeito a objectos, processos, tecnologias e fornecedores. Kotabe (1998) explica ainda que a externalização global envolve a dependência de fornecedores globais para o fornecimento dos bens e serviços necessários. Narasimhan, Talluri e Mahapatra (2006) concluíram que os objectivos estratégicos da externalização global se centram na qualidade, na fiabilidade da entrega, na capacidade de resposta e na melhoria da inovação. As estratégias de externalização global devem fazer parte das estratégias comerciais e operacionais das empresas aquando da tomada de decisões de compra. Isto contribui para alcançar e manter vantagens competitivas (Tam, Moon, Ng & Hui, 2007).

A externalização global como estratégia ajuda a aumentar a flexibilidade das operações, a fim de responder imediatamente às necessidades dos clientes. Uma vez que os riscos são partilhados com outras empresas, ajuda as empresas a reduzir os riscos e a acrescentar valor para os clientes (Kremic, Tukel & Rom, 2006). As empresas que recorrem à externalização global estão bem colocadas para explorar tanto as suas próprias vantagens competitivas como as dos seus fornecedores, e para tirar partido das vantagens comparativas de localização dos diferentes países na concorrência global (Kotabe & Murray, 2004). Para colher os benefícios da externalização global, as empresas precisam de ter serviços e actividades efetivamente coordenados para evitar potenciais conflitos decorrentes de objectivos diferentes. Para serem bem sucedidas na externalização global, as empresas precisam de desenvolver um equilíbrio entre a produção eficiente e o marketing flexível, a fim de responder da melhor forma à concorrência e à evolução da procura dos clientes (Carter, Maltz, Yan & Maltz, 2008).

2.3.4 Alimentação dupla

Yu, Zeng e Zhao (2009) argumentam que, ao adoptarem uma estratégia de abastecimento único, as empresas estabelecem uma parceria estratégica com o fornecedor, a fim de beneficiarem de vantagens comuns. Isto permite que ambos os parceiros racionalizem as suas operações de modo a obterem vantagens competitivas sustentáveis. O abastecimento único resulta, por conseguinte, numa elevada qualidade, em custos mais baixos e numa cooperação efectiva entre o comprador e o fornecedor (Larson & Kulchitsky, 1998). É de notar, contudo, que as empresas que recorrem ao abastecimento único estão expostas a maiores riscos de perturbação da cadeia de abastecimento. Bichescu e Fry (2007) argumentam que a tendência para o duplo aprovisionamento se deve aos elevados riscos associados ao aprovisionamento simples. Yu, Zeng e Zhao (2009) consideram ainda que, no duplo abastecimento, um comprador identifica e utiliza mais do que um fornecedor, um dos quais pode dominar os outros em termos de quota de mercado, preço e fiabilidade. Tomlin e Wang (2005), por sua vez, concluíram que a necessidade de duplo abastecimento consiste em melhorar os custos incorridos, aumentar a fiabilidade, reduzir o risco, aumentar a diversidade da oferta e melhorar as margens de lucro.

2.3.5 Contratos públicos electrónicos

De acordo com Croom e Brandon-Jones (2004), a contratação pública eletrónica é a execução de actividades de aquisição, tais como pesquisa, aprovisionamento, negociação, encomenda, receção e reserva, através da utilização de tecnologias de informação e comunicação (TIC) baseadas na Internet. A contratação pública eletrónica pode assumir a forma de concurso eletrónico, mercado eletrónico, leilão eletrónico/leilão invertido e catálogo/compra eletrónico e facilita as actividades relacionadas com as aquisições. A contratação pública eletrónica permite às empresas poupar tempo e dinheiro, ligando empresas e fornecedores da forma mais eficiente possível através da infraestrutura da Internet.

De acordo com o Aberdeen Group (2001), muitas empresas procuram melhorar os seus processos empresariais através da introdução bem sucedida da contratação pública eletrónica. Kalakota e Robinson (2000) consideram que a contratação pública eletrónica ajuda as empresas a obterem poupanças de custos, a melhorarem a eficiência, a efectuarem medições e a permitirem uma entrada de dados única. Quinnox (2012) também acredita que a contratação pública eletrónica pode ser utilizada para melhorar todo o processo de compra, uma vez que oferece o melhor mecanismo para reestruturar o processo de compra em benefício de toda a organização. Khanapuri, Nayak, Soni, Sharma e Soni (2011) consideram que a introdução eficaz da contratação pública eletrónica depende da disponibilidade de tecnologia adequada e relevante, de objectivos de contratação pública eletrónica corretamente formulados, de informações completas e fiáveis e de conhecimentos e competências suficientes.

2.4 Práticas globais de aquisição e desempenho operacional

O conceito de abastecimento global baseia-se no argumento de que as empresas transformadoras não podem depender inteiramente das redes de fornecedores locais para as matérias-primas, componentes, módulos e sistemas. De acordo com Han, Dresner e Windle (2008), o fornecimento global garante custos de mão de obra mais baixos e um melhor acesso a recursos e tecnologias especializados. O processo de aprovisionamento global foi facilitado por tecnologias avançadas e melhores práticas de gestão da cadeia de abastecimento. Rajagopalan e Malhotra (2001) constataram que a aquisição de materiais de fontes estrangeiras conduziu a um aumento das existências de matérias-primas. Do mesmo modo, Levy (1995) concluiu que uma perturbação no aprovisionamento global de uma empresa pode conduzir a um aumento dos custos de exploração em resultado de existências mais elevadas.

Russell e Taylor (2008) referem que o desempenho operacional se baseia na exigência de eficiência, que se refere simplesmente à utilização adequada dos recursos disponíveis para maximizar o desempenho. O resultado são custos operacionais mais baixos, menos desperdício e, consequentemente, produtos rentáveis que oferecem valor acrescentado aos clientes. O aprovisionamento global também conduz a uma melhoria contínua, uma vez que o desempenho global em termos de custos é melhorado, o que, por sua vez, aumenta a qualidade da produção (Prajogo & Goh, 2007). Isto constitui a base para um melhor desempenho operacional. O sourcing global permite às empresas fornecer os seus produtos e serviços mais rapidamente.

A relação entre as práticas de aprovisionamento global e o desempenho operacional pode ser ilustrada através de um quadro concetual. De acordo com Kothari (2004), um quadro concetual é um gráfico temático que mostra a relação entre as principais variáveis em estudo. O desempenho da empresa é a variável dependente, enquanto a variável independente é a variável de interesse.

Figure 2.1: Conceptual Framework

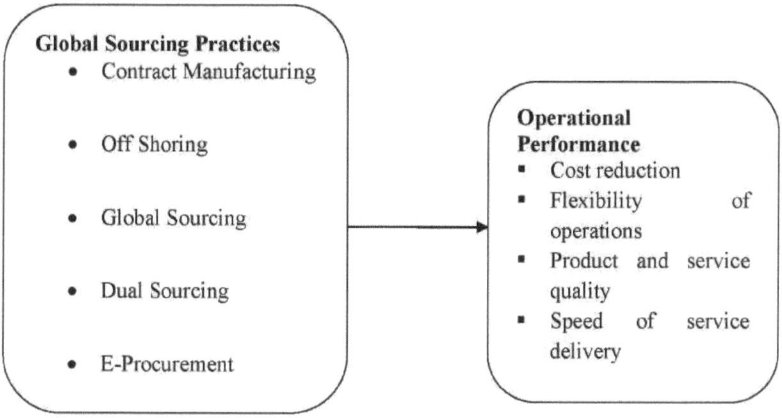

Independent Variables **Dependent Variable**

Source: Research Data (2016)

As variáveis são o fabrico por encomenda, a externalização, a externalização global, a dupla fonte de abastecimento e a

contratos públicos electrónicos. É o que mostra a figura 2.1 abaixo:

A figura 2.1 mostra que o fabrico por encomenda, a externalização, o aprovisionamento global, o aprovisionamento duplo e a contratação eletrónica têm um impacto no desempenho operacional.

2.5 Revisão empírica da literatura

Há uma série de estudos sobre o conceito de Global Sourcing. Mwirigi (2013) realizou um estudo sobre os factores que influenciam a eficácia do sourcing global em organizações humanitárias no Quénia: um estudo de caso do Fundo das Nações Unidas para a Infância. O estudo concluiu que as especificações dos fornecedores, as flutuações da taxa de câmbio, a burocracia governamental e a formação influenciavam o sourcing global. Num outro estudo, Magenda e Iravo (2014) examinaram os factores que influenciam a adoção do aprovisionamento global: um estudo de caso dos supermercados Tusky no Quénia. O estudo concluiu que uma série de factores, como as flutuações cambiais, a logística complexa, as barreiras tarifárias e não tarifárias, bem como as diferenças culturais e linguísticas, influenciam o sourcing global. O estudo também concluiu que as empresas que têm êxito no aprovisionamento global precisam de desenvolver uma abordagem coordenada com os fornecedores. Noutro estudo, Matthyssens, Quintens e Faes (2003) concluíram que a formação intensiva do pessoal em matéria de aprovisionamento global influenciou o desenvolvimento de relações de parceria internacionais e a sua eficácia e longevidade globais.

Trent e Monczka (2005) concluíram que, para ter sucesso nas compras globais, uma empresa deve comprometer-se com as compras globais, desenvolver um processo enérgico e bem definido, ter um bom sistema de comunicação, recursos suficientes, tecnologia da informação integrada, uma estrutura organizacional eficaz e métodos bem formulados para medir o montante das poupanças obtidas. Noutro estudo, Haartman e Bengtsson (2015) verificaram que não existia uma relação direta entre as compras globais e a inovação de produtos. No entanto, verificaram que uma integração adequada com os fornecedores conduziu a um elevado nível de desempenho em termos de inovação. Gadde, Hakansson e Persson (2010) também concluíram que, em um ambiente industrial, as empresas tomam decisões complexas, principalmente em termos de design e desenvolvimento de produtos.

Tsuma (2014), por outro lado, estudou as práticas de sourcing global em hotéis de cinco estrelas no condado de Nairobi, no Quénia. O objetivo do estudo era descobrir as práticas de sourcing global em hotéis de cinco estrelas no condado de Nairobi. O estudo revelou que o sector hoteleiro praticava três estratégias de aprovisionamento global, nomeadamente a externalização global, a produção por encomenda e as compras internacionais. Os desafios incluem a falta de estabilidade da moeda, a inflação e o tempo que as entregas demoram a chegar. Magara, Oloko e Nyangau (2014) também investigaram o impacto do aprovisionamento global na rentabilidade das empresas automóveis de média dimensão no Quénia: um inquérito realizado no distrito de Nairobi. O estudo concluiu que o aprovisionamento global e o desempenho global da empresa são influenciados pelas flutuações cambiais e pela política governamental. Este facto tem um impacto significativo no desempenho financeiro das empresas.

Mose, Njihia e Magutu (2013) investigaram os factores críticos de sucesso e os desafios associados à introdução da contratação pública eletrónica em grandes empresas transformadoras em Nairobi, no Quénia. O estudo identificou factores como o empenho dos trabalhadores e da gestão na introdução, a fiabilidade das TI e o desempenho dos fornecedores, a monitorização dos sistemas de contratação pública eletrónica, a aceitação da contratação pública eletrónica pelos utilizadores e o apoio da gestão de topo como factores com impacto no Global Sourcing. O estudo de Murray, Kotabe e Westjohn (2009) também concluiu que as empresas que oferecem serviços de conhecimento intensivo devem concentrar os seus departamentos de aquisições estrategicamente para melhorar o desempenho. Por último, Han, Dresner e Windle (2008) estudaram o impacto do Global Sourcing e das exportações nos inventários da indústria transformadora nos EUA. O estudo concluiu que as actividades de importação e exportação têm um impacto significativo nas existências de bens e serviços. O estudo concluiu igualmente que as empresas orientadas para a exportação podem necessitar de manter grandes existências de produtos acabados para se protegerem contra as grandes incertezas e os longos prazos de entrega associados às operações internacionais.

2.6 Resumo da revisão da literatura

A crescente dependência de fornecedores de todo o mundo deve-se ao facto de as empresas estarem a dedicar mais recursos às suas competências essenciais e a incentivar a externalização de actividades não essenciais. Procura-se um aprovisionamento global eficaz para enfrentar os desafios da concorrência crescente, dos ciclos de vida mais curtos dos produtos e da rápida evolução das necessidades dos clientes. Uma análise da literatura empírica relacionada com este estudo mostra que o aprovisionamento global é uma decisão fundamental no processo de tomada de decisões das empresas. O aprovisionamento global é um fator importante para melhorar a posição competitiva e o desempenho financeiro de uma empresa. Algumas empresas aplicam estratégias de aprovisionamento global. É provável que as organizações sem fins lucrativos tenham práticas de sourcing global diferentes das organizações com fins lucrativos, uma vez que necessitam de prosseguir objectivos diferentes. Existem várias outras estratégias de aprovisionamento global que podem ser aplicadas por diferentes organizações, mas que não são abordadas nesta panorâmica. É também importante notar que o desempenho operacional das empresas é uma variável importante na avaliação do sourcing global. Por conseguinte, este estudo centra-se no desempenho operacional como variável dependente das práticas de sourcing global.

Capítulo 3

EE: METODOLOGIA DE INVESTIGAÇÃO

3.1 Introdução

Este capítulo apresenta a metodologia de investigação utilizada para realizar o estudo. Inclui a conceção da investigação, a população-alvo, a conceção da amostra, os métodos de recolha de dados e as técnicas de análise de dados.

3.2 Conceção da investigação

Foi escolhido um inquérito transversal para o estudo. Um inquérito transversal implica a recolha de dados e a obtenção de conclusões sobre a população de interesse num determinado momento.

A conceção de um inquérito descreve as respostas das pessoas a perguntas sobre um fenómeno ou uma situação com o objetivo de compreender as percepções dos inquiridos, a partir das quais se constrói um truísmo (Kim, 2009).

3.3 População do estudo

A população deste estudo inclui 63 empresas têxteis e de vestuário (situação: agosto de 2016) (KAM, 2016). A lista pode ser consultada no Anexo III. As empresas do sector têxtil e do vestuário estão entre as empresas transformadoras registadas na Associação de Fabricantes do Quénia. Como se trata de uma população relativamente pequena, todas as 63 empresas foram inquiridas, pelo que este é um estudo censitário.

3.4 Recolha de dados

Este estudo utilizou dados primários recolhidos através de um questionário estruturado (Anexo I). O questionário era constituído por perguntas fechadas. Os questionários foram distribuídos em mão e recolhidos numa data posterior. O questionário estruturado era composto por quatro partes. Estas incluíam dados biológicos, práticas de aprovisionamento global, desempenho operacional e desafios associados à introdução de práticas de aprovisionamento global. A estruturação do questionário destinava-se a permitir que o estudo abordasse todos os objectivos de forma adequada.

3.5 Procedimento de recolha de dados

O questionário foi desenvolvido utilizando o método "drop-and-pick-later". Os inquiridos foram os gestores de compras e de operações das empresas de produção. Partiu-se do princípio de que estes gestores estavam familiarizados com as práticas de aprovisionamento global nos seus respectivos departamentos. Foi considerado suficiente um inquirido por empresa. O número total de inquiridos foi, portanto, 63 (sessenta e três).

3.6 Análise de dados

Os dados recolhidos foram limpos, validados e verificados quanto à exatidão, uniformidade, consistência e exaustividade. Foram utilizadas estatísticas descritivas para identificar as práticas de aprovisionamento global implementadas pelas empresas têxteis e de vestuário. O seguinte modelo de regressão foi utilizado para determinar o impacto das práticas de aprovisionamento global no desempenho operacional das empresas têxteis e de confeção de vestuário:

$$Y = a + \beta_1 X_1 + \beta_2 X_2 + \beta_3 X_3 + \beta_4 X_4 + \beta_5 X_5 + \varepsilon$$

Onde

Y = índice de desempenho operacional (variável dependente).

a = constante

β1 = coeficiente de produção por encomenda

β2 = coeficiente de afetação

β3 = coeficiente global de desarmazenagem

β4 = coeficiente de oferta dupla

β5 = coeficiente de compra eletrónica

X1= Por encomenda

X2 = deslocalização

X3 = Externalização global

X4= Alimentação dupla

X5 = Aquisição em linha

ε = termo de erro. O coeficiente de correlação múltipla R foi utilizado para testar a força da relação entre as variáveis independentes e a variável dependente. ^{2}O coeficiente de determinação R foi utilizado para indicar quanto da variação no desempenho da exploração agrícola foi explicada pelo modelo linear. Finalmente, foi utilizada uma análise descritiva para identificar os desafios associados à adoção de práticas de aprovisionamento global pelos fabricantes de têxteis e vestuário no Quénia.

Capítulo 4

R: ANÁLISE DOS DADOS E RESULTADOS

4.1 Introdução

Este capítulo apresenta a análise dos dados e os resultados do estudo. A análise incide sobre os objectivos do estudo. O estudo visava determinar as práticas de aprovisionamento global utilizadas pelos fabricantes de têxteis e de vestuário no Quénia, avaliar o impacto das práticas de aprovisionamento global no desempenho operacional dos fabricantes de têxteis e de vestuário no Quénia e identificar os desafios associados à aplicação das práticas de aprovisionamento global pelos fabricantes de têxteis e de vestuário no Quénia. Os resultados são apresentados sob a forma de um relatório sobre as questões respondidas pelos inquiridos. Das 63 empresas industriais inquiridas, 40 responderam. Isto corresponde a uma taxa de resposta de 63%. A taxa de resposta era adequada para o estudo, uma vez que era superior a 50%, tal como recomendado por Mugenda (2003).

4.2 Informações gerais

Os entrevistados foram caracterizados pelo nome da empresa, o cargo ocupado na empresa e os anos de experiência dos entrevistados. Os anos de experiência ajudaram a identificar os desafios associados à introdução de procedimentos de aprovisionamento global pelos fabricantes de têxteis e vestuário no Quénia. Quanto mais tempo se está no negócio, mais fácil é obter uma visão valiosa dos desafios. Os entrevistados foram os diretores de produção e de operações das várias empresas. Em algumas empresas, os diretores foram autorizados a responder aos questionários. A análise dos anos de experiência é apresentada no quadro 4.1 abaixo:

Quadro 4.1: Anos de experiência

	Frequency	Percent	Valid Percent	Cumulative Percent
Less than 5 years	9	22.5	22.5	22.5
6 – 10 years	5	12.5	12.5	35.0
11 – 15 years	16	40.0	40.0	75.0
Above 16 years	10	25.0	25.0	100.0
Total	40	100.0	100.0	

Fonte: Dados da investigação (2016)

Foi pedido aos inquiridos que indicassem o número de anos em que ocupavam o seu cargo na empresa. A maioria dos inquiridos, 40%, indicou que trabalhava na empresa e no cargo há 11 a 15 anos e outros 25% indicaram que trabalhavam na empresa há mais de 16 anos. 22,5% dos inquiridos indicaram que trabalhavam no cargo há menos de 5 anos e 12,5% que trabalhavam no cargo há 6 a 10 anos. Os resultados sugerem que a maioria dos inquiridos possui a experiência necessária para dar respostas objectivas.

4.3 O grau de adoção de práticas de Global Sourcing

O investigador pretendia saber em que medida as empresas tinham adotado práticas de fornecimento global. Foi pedido aos inquiridos que indicassem em que medida as diferentes empresas tinham adotado práticas de fornecimento global. As práticas de abastecimento global são utilizadas nos domínios do fabrico por encomenda, do offshoring, da externalização global, do abastecimento duplo e da contratação pública eletrónica. Os resultados são discutidos nas subsecções seguintes. Foi utilizada uma escala de Likert, em que 1= discordo totalmente, 2= discordo, 3= concordo, 4= concordo um pouco e 5= concordo totalmente.

4.3.1 Feito por encomenda

O investigador pretendia saber em que medida as empresas adoptaram a produção por encomenda. Os resultados são apresentados no quadro 4.2:

Quadro 4.2: Estatísticas descritivas para a produção por encomenda

Practices	N	Mean	Std. Deviation	Rank
Reference samples of materials and finished goods	40	2.20	.414	8
Monitoring of quality assurance procedures.	40	2.65	.828	7
Rapid feedback analysis.	40	4.45	.458	1

Installation of controls concerning uniformity of content	40	3.27	.488	6
Availability of manufacturing instructions	40	4.35	.347	2
Undertaking production process validation	40	3.55	.446	5
Installation of stability monitoring processes.	40	4.28	.525	3
Existence of product packaging specifications.	40	4.00	.264	4
Valid N (listwise)	**40**	**3.59**	**.471**	

Fonte: Dados da investigação (2016)

O quadro 4.2 mostra que as práticas de fabrico por contrato mais comuns são a análise retrospetiva rápida, a disponibilidade de instruções de fabrico, a aplicação de procedimentos de controlo de estabilidade e a existência de especificações de embalagem do produto, com uma média de 4,45, 4,35, 4,28 e 4,00, respetivamente. A prática menos comum é a utilização de amostras de referência de materiais e produtos acabados, com uma média de 2,20.

4.3.2 Off Shoring

O investigador pretendia saber em que medida as empresas praticavam o offshoring. A análise é apresentada no quadro 4.3 abaixo:

Quadro 4.3: Estatísticas descritivas para o offshoring

Variable	N	Mean	Std. Deviation	Rank
The vendor assists our company to build the service center but the actual work is performed by our company.	40	4.20	.516	1
Hiring an outside service provider in the chosen offshore market.	40	2.85	.516	4

Existence of arrangement where the service center is set up as a joint venture with the vendor.	40	3.38	.000	2
Engagement in build-operate-transfer model of business	40	3.17	.976	3
Valid N (List wise)	**40**	**3.40**	**.502**	

Source: Research Data (2016)

No Quadro 4.3, a prática de offshoring mais comum é aquela em que os fornecedores ajudam as empresas a criar o centro de serviços, mas o trabalho efetivo é realizado pelas empresas (valor médio de 4,20). Segue-se um acordo em que o centro de serviços é criado como uma empresa comum com o fornecedor (valor médio de 3,38), seguido de um modelo de transferência "construir-operar" com um valor médio de 3,22. A prática menos comum é a utilização de um prestador de serviços externo no mercado offshore selecionado, com um valor médio de 2,85.

4.3.3 Externalização global

O investigador pretendia saber em que medida as actividades de externalização global estavam a ser adoptadas pelas empresas. A adoção de práticas é apresentada no quadro 4.4:

Quadro 4.4: Estatísticas descritivas da externalização global

Variables	N	Mean	Std. Deviation	Rank
Undertaking supplier selection and evaluation.	40	3.32	.955	5
The use of artificial intelligence tools.	40	4.15	.893	1
Determination of core competencies	40	3.50	.982	4
Performance of evaluation of vendors' performance.	40	3.45	.917	3
Initiation of trial contracts	40	3.82	.791	2
Valid N (List wise)	**40**	**3.65**	**.908**	

Fonte: Dados da investigação (2016)

O quadro 4.4 mostra que as empresas utilizam mais frequentemente ferramentas de inteligência artificial, como mostra o valor médio de 4,15. Seguem-se o início de encomendas de teste, com uma média de 3,82, a identificação de competências-chave, com uma média de 3,50, e a utilização da avaliação do desempenho dos fornecedores, com uma média de 3,45. A aplicação menos comum é a seleção e avaliação dos fornecedores, com uma média de 3,32.

4.3.4 Alimentação dupla

O investigador pretendia saber em que medida as empresas tinham introduzido actividades de abastecimento duplo. O grau de adoção é apresentado no quadro 4.5 abaixo:

Quadro 4.5: Estatísticas descritivas para a dupla fonte de abastecimento

Variables	N	Mean	Std. Deviation	Rank
Regular negotiation with suppliers.	40	3.90	.538	2
Integrating the organization with the vendors.	40	3.85	.671	4
Measuring the impact of incidents for any activity.	40	3.90	.410	2
Service level agreements for all assignments	40	4.07	.496	1
Valid N (List wise)	**40**	**3.93**	**.529**	

Source: Research Data (2016)

O quadro 4.5 mostra que a prática mais comum é a utilização de acordos de nível de serviço para todos os contratos e aquisições, com um valor médio de 4,07, seguida de negociações regulares com os fornecedores e da medição do impacto dos incidentes em todas as actividades, ambas com um valor médio de 3,90. Seguem-se as negociações regulares com os fornecedores e a medição do impacto dos incidentes em todas as actividades, ambas com um valor médio de 3,90. A aplicação menos praticada é a integração da organização com todos os fornecedores, com uma média de 3,85.

4.3.4 Contratos públicos electrónicos

O investigador pretendia saber em que medida as actividades de contratação pública eletrónica foram adoptadas pelas empresas. O grau de adoção é apresentado no quadro 4.6:

Quadro 4.6: Estatísticas descritivas para a contratação pública eletrónica

Variables	N	Mean	Std. Deviation	Rank
The company uses advertising of tenders online.	40	4.10	.939	1
Encouraging on line submission of proposals	40	3.72	.027	3
Short listing of suppliers on line	40	3.38	.959	6
Making requisition on line for all needed materials.	40	3.48	.806	5
Call for proposals is done through the company website	40	3.90	.864	2
Posting of items specification on company website	40	3.57	.061	4
Valid N (List wise)	**40**	**3.69**	**.609**	

O quadro 4.6 mostra que a prática de contratação eletrónica mais comum é a apresentação de propostas em linha, com uma média de 4,10, seguida da apresentação de propostas através do sítio Web da empresa, com uma média de 3,90. As empresas também incentivam a apresentação de propostas em linha, com uma média de 3,72. A prática de contratação eletrónica menos comum é a lista de fornecedores em linha, com uma média de 3,38.

4.3.5 Adoção geral de práticas de Global Sourcing

O investigador resumiu e classificou as diferentes práticas de sourcing global para determinar qual é a mais importante para as empresas. Estas práticas são a subcontratação, o offshoring, a externalização global, o dual sourcing e a contratação eletrónica. A análise é apresentada no quadro 4.7 abaixo:

Quadro 4.7: Adoção global de práticas de Global Sourcing

Practices	N	Mean	Std. Deviation	Rank
Contract Manufacturing	40	3.59	.366	4
Off shoring	40	3.40	.252	5

Global Outsourcing	40	3.65	.030	3
Dual Sourcing	40	3.93	.083	1
E-Procurement	40	3.69	.121	2
Valid N (List wise)	**40**	**3.65**	**.170**	

Fonte: Dados da investigação (2016)

Na Tabela 4.7, as práticas de aprovisionamento global foram analisadas para determinar quais as práticas importantes para as empresas. Os resultados mostram que o duplo aprovisionamento é considerado a prática mais importante pelos inquiridos, com uma média de 3,93, seguido da contratação pública eletrónica e da externalização global, com médias respectivas de 3,93. Seguiram-se a contratação pública eletrónica e a externalização global, com médias de 3,69 e 3,65, respetivamente. As práticas de aprovisionamento global menos comuns são o fabrico por encomenda e o offshoring, com médias de 3,59 e 3,40, respetivamente.

4.4O impacto das práticas de aprovisionamento global no desempenho operacional

Nesta secção, foi realizada uma análise de regressão para determinar se as práticas de aprovisionamento global influenciam o desempenho operacional. Na análise de regressão, o desempenho operacional é a variável dependente. O desempenho operacional foi medido com base na redução de custos, na flexibilidade dos processos, na qualidade dos produtos e serviços e na rapidez da prestação de serviços. O fabrico por encomenda, o offshoring, a externalização global, o dual sourcing e a contratação eletrónica são as variáveis independentes. A média das variáveis independentes e

das variáveis dependentes foi então utilizado para efetuar uma análise de regressão, como se mostra no Quadro 4.8.

Quadro 4.8: Resumo do modelo de regressão

Model	R	R Square	Adjusted R Square	Std. Error of the Estimate	Change Statistics				
					R Square Change	F Change	df1	df2	Sig. F Change
1	.630[a]	.397	.287	.38653232	.397	3.617	6	33	.007

Fonte: Dados da investigação (2016)

[2]A Tabela 4.8 mostra que o R ajustado é de 0,287, o que significa que 28,7% da variação positiva no índice de desempenho operacional se deve a alterações nas variáveis independentes e 71,3% da variação nas variáveis dependentes se deve a outros factores não incluídos no modelo. O coeficiente de correlação indica-nos a força da relação entre as variáveis. O estudo revelou um coeficiente de correlação de 0,630, o que significa que existe uma forte correlação positiva entre as práticas de global sourcing e o desempenho operacional.

A significância do coeficiente de correlação foi testada da seguinte forma:

H_o : r = 0 (o coeficiente de correlação não é significativo)

H_1: r- 0 (o coeficiente de correlação é significativo)

Trata-se de um teste unilateral com um nível de significância de 5% df= n -2=40-2=38. A regra de decisão seria, por conseguinte, rejeitar H_o se o t calculado for superior a 1,686.

t calculado = r\n-2/1-r2 = 0,63^40-2/1-0,632 = 5,00

Decisão: Como o t calculado (5,00) é superior ao t crítico, a hipótese nula é rejeitada, o que significa que o coeficiente de correlação é significativo.

Table 4.9: Analysis of Variance

	Sum of Squares	df	Mean Square	F	Sig.
Regression	3.243	6	.540	3.617	.007[a]
Residual	4.930	33	.149		
Total	**8.173**	**39**			

Source: Research Data (2016)

A tabela ANOVA mostra que o valor significativo para o modelo é de 0,007, o que significa que do modelo foi estatisticamente significativo, sendo inferior a 0,05. O resumo de

Os coeficientes de regressão são apresentados no Quadro 4.10:

Quadro 4.10: Coeficientes de regressão

	Unstandardized Coefficients		Standardized Coefficients		
	B	Std. Error	Beta	t	Sig.
(Constant)	.739	.682		1.083	.287
Contract Manufacturing (X_1)	.313	.159	.368	1.968	.058
Off shoring (X_2)	.110	.115	.161	.957	.345
Global Outsourcing (X_3)	.048	.185	.043	.258	.798
Dual Sourcing (X_4)	.185	.159	.201	1.162	.253
E-Procurement (X_5)	.056	.063	.145	.891	.379

Fonte: Dados da investigação (2016)

A seguinte equação de regressão foi obtida a partir do Quadro 4.12:

Y= 0,739 +0,313X1 + 0,110X2 + 0,48X3 + 0,185X4 + 0,056X5

A equação mostra que o índice de desempenho operacional (dependente) seria de 0,739 se a produção por encomenda, a deslocalização, o aprovisionamento global, o aprovisionamento duplo e a contratação eletrónica fossem mantidos constantes. Um aumento de um fator no fabrico por encomenda conduziria a um aumento de 0,313 factores no desempenho operacional, um aumento de uma unidade no offshoring conduziria a um aumento de 0,110 factores no desempenho operacional, um aumento de uma unidade na externalização global conduziria a um aumento de 0,048 factores no desempenho operacional e um aumento de uma unidade na dupla fonte conduziria a um aumento de 0,185 factores no desempenho operacional. Por último, um aumento de uma unidade na contratação eletrónica conduziria a um aumento de 0,056 no desempenho operacional. Esta informação mostra que existe uma relação positiva entre as variáveis independentes e o desempenho operacional.

Quadro 4.11: Significância da correlação entre as diferentes variáveis

		Operational performance index	Contract manufacturing	Off shoring	Global outsourcing	Dual sourcing	E-procurement
Operational performance index	Pearson Correlation	1.000	.537**	.451**	.383*	.451**	.115
	Sig. (2-tailed)		.000	.004	.015	.004	.478
Contract Manufacturing	Pearson Correlation	.537**	1.000	.517**	.464**	.434**	-.101
	Sig. (2-tailed)	.000		.001	.003	.005	.537
Off Shoring	Pearson Correlation	.451**	.517**	1.000	.459**	.416**	-.037
	Sig. (2-tailed)	.004	.001		.003	.008	.818
Global Outsourcing	Pearson Correlation	.383*	.464**	.459**	1.000	.423**	.045
	Sig. (2-tailed)	.015	.003	.003		.007	.785
Dual Sourcing	Pearson Correlation	.451**	.434**	.416**	.423**	1.000	-.020
	Sig. (2-tailed)	.004	.005	.008	.007		.904
E-procurement	Pearson Correlation	.115	-.101	-.037	.045	-.020	1.000
	Sig. (2-tailed)	.478	.537	.818	.785	.904	

A Tabela 4.11 mostra a natureza das relações positivas significativas entre o desempenho empresarial e as variáveis independentes. O estudo revelou que o índice de desempenho empresarial estava positivamente relacionado com a produção por encomenda, com um coeficiente de correlação de 0,537. A análise de correlação revelou que o índice de desempenho operacional estava positivamente relacionado com o offshoring e a externalização global, com coeficientes de correlação de 0,451 e 0,383, respetivamente. O estudo revelou também que o índice de desempenho operacional estava positivamente associado ao dual sourcing, com um coeficiente de correlação positivo de 0,451. Por último, verificou-se que o índice de desempenho operacional estava positivamente associado à contratação eletrónica, mas não era significativo, com um coeficiente de correlação de 0,115.

4.5 Os desafios da introdução de procedimentos de aprovisionamento global

Foi pedido aos inquiridos que enumerassem os desafios que impedem a adoção de práticas de aprovisionamento global. O quadro 4.12 apresenta uma panorâmica das suas respostas.

Quadro 4.12: Desafios associados à introdução de procedimentos de aprovisionamento global

Challenges	N	Mean	Std. Deviation	Rank
Resistance to change	40	3.32	.309	8
The level of internet access by small suppliers	40	4.15	.864	2
The level of top management support	40	3.50	.934	7
The nature of global logistics	40	3.45	.085	6
Existence of tariffs and non-tariff restrictions	40	3.82	.174	4
Culture and language differences	40	3.70	.883	5
The capability of suppliers	40	4.20	.853	1
The type of international trade laws and practices	40	4.07	.944	3
Valid N (List wise)	**40**	**3.776**	**.631**	

Fonte: Dados da investigação (2016)

O quadro 4.12 mostra que um dos desafios mais significativos no processo de adoção de práticas de aprovisionamento global pelas empresas inquiridas é a capacidade dos fornecedores, seguido do nível de acesso à Internet e da natureza das leis e práticas comerciais internacionais, com uma média de 4,20, 4,15 e 7,07, respetivamente. 4,07. Segue-se a existência de direitos aduaneiros e de barreiras não pautais, com uma média de 3,82. O fator que representou o desafio menos significativo no processo de adoção de práticas de global sourcing foi a resistência à mudança, com uma média de 3,32.

Capítulo 5

E: RESUMO DOS RESULTADOS, CONCLUSÕES E RECOMENDAÇÕES

5.1 Introdução

Este capítulo resume os resultados da investigação e contém igualmente conclusões e recomendações baseadas nos objectivos do estudo.

5.2 Resumo dos resultados

O primeiro objetivo deste estudo era identificar as práticas de aprovisionamento global utilizadas pelos fabricantes de têxteis e vestuário no Quénia. A análise dos dados e a interpretação das respostas ao questionário revelaram que o duplo aprovisionamento era a prática mais comum. Seguiram-se a aquisição eletrónica, a externalização global e o fabrico por encomenda. A prática de abastecimento global menos comum foi o offshoring. No entanto, as empresas praticavam, em graus variáveis, todas as práticas de abastecimento global: fabrico por encomenda, deslocalização, externalização global, duplo abastecimento e contratação pública eletrónica.

O estudo também tentou determinar o impacto das práticas de aprovisionamento global no desempenho operacional dos fabricantes de têxteis e vestuário no Quénia. Os resultados do estudo revelam um coeficiente de correlação de 0,63, o que significa que existe uma relação positiva entre as práticas de aprovisionamento global e o desempenho operacional. Foi estabelecida a seguinte equação de regressão:

$$Y= 0.739 +0.313X_1 + 0.110X_2 + 0.48X_3 + 0.185X_4 + 0.056X_5$$

A equação acima mostra que a externalização global, o dual sourcing, o e-procurement, o offshoring e o fabrico por encomenda têm uma influência positiva, mas não significativa, no desempenho operacional. Isto deve-se ao facto de o valor P não ser inferior a 0,005. O sítio

^{2}O coeficiente de determinação R é de 0,287, o que significa que 28,7% da variação positiva do índice de desempenho operacional se deve a alterações nas variáveis independentes e 71,3% da variação nas variáveis dependentes se deve a outros factores não incluídos no modelo.

O terceiro objetivo do estudo consistia em identificar os desafios associados à introdução de práticas de abastecimento global pelos fabricantes de têxteis e de vestuário no Quénia. O estudo identificou a capacidade dos fornecedores como o principal desafio à adoção de práticas de abastecimento global pelos fabricantes de têxteis e vestuário. Seguiram-se o acesso à Internet por parte dos pequenos fornecedores e a natureza das leis e práticas comerciais internacionais. Outros desafios incluíam a existência de barreiras pautais e não pautais, barreiras culturais e linguísticas, a natureza da logística global, o grau de apoio da direção e, finalmente, a resistência à mudança.

5.3 Conclusões do estudo

Este estudo examinou o impacto das práticas de aprovisionamento global no desempenho operacional dos fabricantes de têxteis e de vestuário no Quénia. O objetivo era criar um modelo linear que relacionasse as práticas de aprovisionamento global com o desempenho operacional das empresas de produção têxtil e de vestuário no Quénia. Os objectivos específicos do estudo eram determinar as práticas de aprovisionamento global adoptadas pelas empresas de fabrico de têxteis e vestuário no Quénia, descobrir o impacto das práticas de aprovisionamento global no desempenho operacional das empresas de fabrico de têxteis e vestuário no Quénia e identificar os desafios associados à adoção de práticas de aprovisionamento global pelas empresas de fabrico de têxteis e vestuário no Quénia.

O estudo revelou que as empresas do sector têxtil e do vestuário estão todas a praticar, em graus variáveis, práticas de Global Sourcing, tais como o fabrico a pedido, o offshoring, a externalização global, o dual sourcing e a contratação pública eletrónica. Os resultados do estudo indicam que as práticas de Global Sourcing têm um impacto positivo no desempenho operacional das empresas têxteis e de confeção no Quénia. Esta conclusão está em consonância com a de Gadde, Hakansson e Persson (2010), que também concluíram que o contexto da gestão do aprovisionamento na indústria evoluiu da simples externalização da produção e do fornecimento de recursos para o Global Sourcing.

O estudo conclui igualmente que a capacidade dos fornecedores, o nível de acesso à Internet por parte dos pequenos fornecedores e a natureza das leis e práticas do comércio internacional são os principais desafios que afectam a introdução de procedimentos de abastecimento global. Outros factores que complicam a introdução do fornecimento global incluem os direitos aduaneiros e as restrições não pautais, as diferenças culturais e linguísticas, a natureza da logística global, o grau de apoio da gestão e a resistência à mudança. Esta conclusão está em linha com o estudo de Magenda e Iravo (2014), que identificaram as flutuações cambiais, a complexidade logística, as barreiras tarifárias e não tarifárias e as diferenças culturais como os quatro factores que influenciam a adoção do sourcing global.

5.4 Recomendações para o estudo

Com base nos resultados do estudo, o investigador recomenda que os fabricantes de têxteis e de vestuário no Quénia adoptem práticas de aprovisionamento global no fabrico por encomenda, offshoring, aprovisionamento global, aprovisionamento duplo e e-procurement. As empresas devem estar conscientes da necessidade de implementar controlos sobre a consistência do conteúdo e a disponibilidade de instruções de fabrico na produção por encomenda. Além disso, as empresas devem efetuar uma análise rápida do feedback no fabrico por encomenda. No caso do offshoring, as empresas devem estabelecer parcerias com fornecedores que as ajudem a criar o centro de serviços, mas cujo trabalho efetivo será realizado pela própria empresa. Outra recomendação é que os governos implementem reduções claras de tarifas e impostos e adoptem medidas favoráveis para garantir que o aprovisionamento global seja mais frutífero para as empresas têxteis e de vestuário.

5.5 Limites do estudo

Em primeiro lugar, o âmbito do estudo foi limitado pelo facto de abranger apenas empresas da indústria têxtil e do vestuário. Por razões políticas, o estudo daria uma melhor imagem se reflectisse uma amostra de todas as empresas transformadoras. O investigador deparou-se também com a hostilidade de alguns inquiridos, que consideraram que a informação seria transmitida aos seus concorrentes. Devido à dispersão geográfica dos fabricantes de têxteis e vestuário em todo o país, o investigador enfrentou dificuldades em encontrar recursos, tais como os meios financeiros para se deslocar a empresas individuais e o tempo necessário para se encontrar com os inquiridos, persuadi-los a preencher os questionários e recolher os questionários.

5.6 Sugestões para investigação futura

Uma vez que o aprovisionamento global é uma abordagem centrada no cliente, deve ser realizado um estudo para determinar a sua importância noutros sectores para além dos têxteis e do vestuário. Dadas as insuficiências dos modelos de regressão, podem ser utilizados outros modelos para explicar as diferentes relações entre as práticas de aprovisionamento global e o desempenho operacional das empresas.

REFERÊNCIAS

Grupo Aberdeen (2001). *E-Sourcing: Negotiating Value in a Volatile Economy*. Um livro branco para executivos. Boston (MA).

Federação Africana das Indústrias do Algodão e dos Têxteis (ACTIF) (2010). *Impacto do Agoa na indústria têxtil e de vestuário no Quénia.*

Lei do Crescimento e das Oportunidades para África (AGOA) (2012). Documento *de Trabalho de Investigação Política do Banco Mundial*, 3262.

Bichescu, B. C., & Fry, M. J. (2007). A numerical analysis of supply chain performance under shared decision rights (Uma análise numérica do desempenho da cadeia de abastecimento sob direitos de decisão partilhados). *Omega, 37, 788* - 800.

Brettel, M., & Voss, U. (2013). Antecedentes das combinações de controlo de gestão - Uma explicação da teoria da dependência de recursos. *Schmalenbach Business Review,* 65, 409-430.

Carter, C. R., & Rogers, D. S. (2008). Um quadro para a gestão sustentável da cadeia de abastecimento: rumo a uma nova teoria. *International Journal of Physical Distribution and Logistics Management, 38*(5), 360-387.

Carter, J. R., Maltz, A., Yan, T., & Maltz, E. (2008). How procurement managers view low-cost countries and geographies. *International Journal of Physical Distribution and Logistics Management*, 38, 3, 224-243.

Cox, M., Roberts, M., & Walton, J. (2011). Outsourcing de TI no sector público: experiências da administração local. *Revista electrónica Information Systems Evaluation,* 14, 2.

Crook, T. R., Ketchen, D. J., Combs, J. G & Todd, S. Y. (2008). Strategic resources and performance: a meta-analysis (Recursos estratégicos e desempenho: uma meta-análise). *Revue de management stratégique*, 29 : 1141-1154.

Croom, S., & Brandon-Jones, A. (2004). E-Procurement: key issues for the introduction and operation of e-procurement in the public sector. *th13* Conferência *da Associação Internacional de Educação e Investigação em Compras e Aprovisionamento (IPSERA).*

Daniels J. D., Radebaugh L.H., & Sullivan D. P. (2013). *Negócios internacionais: ambientes e operações.* (14ª ed.) Boston: Pearson.

Delke (2015). Teoria da dependência de recursos: apreciação e avaliação como uma teoria contributiva para a gestão de suprimentos. *Universidade de Twente. Faculdade de Gestão e Governação.*

Gadde, L. E., Hakansson H. & Persson G. (2010). *Supply network strategies.* Chichester: John Wiley & Sons

Gainey, T. W., & Klaas, B. S. (2003). Outsourcing de formação e desenvolvimento - factores que influenciam a satisfação do cliente. *Journal of Management,* 29, 2, 207 - 229.

Gianluca S. (2007). A estratégia global de compras e aprovisionamento como ferramenta de tomada de decisões. *18ª Conferência Anual do POMS.* Texas.

Gilley, K. M., & Rasheed, A. (2000). Doing more by doing less: an analysis of the effects of audit outsourcing on firm performance. *Journal of Management,* 26, 4, 763 - 790.

Governo do Quénia (GOK) (2008). *Visão 2030 do Quénia: Primeiro Plano a Médio Prazo, 2008-2012.* Documento de estratégia para a redução da pobreza no Quénia.

Haartman, R. V. & Bengtsson, L. (2015). O impacto das compras globais e da integração de fornecedores na inovação de produtos. *Revista Internacional de Gestão de Operações e Produção,* 35 ; 9 : 1295

- 1311

Han, C., Dresner, M., & Windle, R. J. (2008). Impact of global sourcing and exports on inventories in US manufacturing. *International Journal of Physical Distribution & Logistics Management*, 38, 6, 475-494.

Heide, J. B. (1994). Controlo inter-organizacional nos canais de marketing. *Zeitschrift für Marketing,* 58(1), 71.

Jabbour, L. (2010). Offshoring and firm performance: evidence from the French manufacturing industry. *The World Economy,* 33, (1).

Jain, N., Girotra, K. & Netessine, S. (2014) Managing Global Sourcing: inventory performance. *Management Science* 60, 202-1222.

Jin. B., & Kang. J. H. (2013). Antecedentes e resultados do sourcing global e da tecnologia da informação na cadeia de abastecimento de vestuário dos EUA. *Journal of the Textile Institute,* 104 (1), 57-66.

Kalakota, R., & Robinson, M. (1999). *E-Business: A Roadmap for Success.* Reading, MA. Addison-Wesley.

Kedia, B. L., & Mukherjee, D. (2009). Understanding offshoring: a research framework based on the benefits of disintegration, localization and outsourcing. *Journal of World Business,* 44(3): 250-261.

Kharvi, P. (2010). *Global supply.* Delhi: PUMBA.

Khanapuri, V. B., Nayak, S., Soni, P., Sharma, S. & Soni, M. (2011). A framework for addressing the challenges of introducing e-procurement in the Indian context. *Conferência Internacional sobre Tecnologia e Gestão Empresarial, 28-30, 208.*

Instituto do Quénia para a Investigação e Análise de Políticas Públicas (KIPPRA) (2013). *RELATÓRIO ECONÓMICO DO QUÉNIA*, Bishops Garden Towers.

Kotabe, M. (1998). Efficiency vs. effectiveness orientation of Global Sourcing strategy: a comparison of US and Japanese multinationals. *Academy of Management Executive*, 12(4), 107-119.

Kotabe, M., & Mudambi,R. (2009).Global Sourcing and value creation: opportunities and challenges. *Revue de management international,* 15, 121-125.

Kotabe, M., & Murray, J.Y. (2004). Global sourcing strategy and sustainable competitive advantage. *Industrial Marketing Management* 33(1):7-14.

Kremic, T., Icmeli Tukel, O., & Rom, W. O. (2006). Outsourcing decision support: an overview of benefits, risks and decision factors. *Supply Chain Management: An International Journal*, 11, 6, 467-482.

Larson, P. D., & Kulchisky, J. D. (1998). Single sourcing and supplier certification: impact on performance and relationships. *Industrial Marketing Management,* 27(1):73-81.

Magara, E., Oloko, M., & Nyang'au, A. (2014). Impacto do sourcing global na rentabilidade das empresas automóveis de média dimensão no Quénia: um estudo do condado de Nairobi. *Journal of Supply Chain Management Systems,* 3, 3.

Magenda, P. N., & Iravo, M. A. (2014). Fatores que influenciam a adoção do Global Sourcing: Um estudo de caso dos supermercados Tuskys, Quénia. *IOSR Journal of Business and Management (IOSR-JBM);* 16, 4, 72-76.

Mckone K. E. & Tumolo, P. (2002), Redefining make-to-order manufacturing. *Supply Chain Management Review.*

Miller, S. R., & Ross, A. D. (2003). An exploratory analysis of resource utilization in different organizational units: Understanding the resource-based view. *International Journal of Operations & Production Management,* 23 (9), 1062-1083.

Modi. S., & Schoenher, T. (2011). Um estudo comparativo das práticas de sourcing estratégico. *Michigan State University, Broad Graduate School of Management;* 2, 16 - 20.

Monczka, R., & Trent, R.J. (1991). Global sourcing: a developmental approach. *International Journal of Purchasing and Materials Management, 27*(2), 2-8.

Mose, M.J., Njihia, J.M., & Magutu, P.O. (2013). Fatores críticos de sucesso e desafios na introdução do e-procurement em grandes empresas de manufatura em Nairobi, Quénia. *Revista Científica Europeia*, 9, 13.

Mudambi, R. (2008). Location, control and innovation in knowledge-intensive industries (Localização, controlo e inovação em indústrias de conhecimento intensivo). *J. Econ. Geogr.* 8, 699-725.

Mukherjee, D. & Kedia, B. L., 2009. Understanding offshoring: a research framework based on the benefits of disintegration, localization and outsourcing [Compreender o offshoring: um quadro de investigação baseado nos benefícios da desintegração, localização e externalização]. *World Economic Review,* 44(1), 250-261.

Murray, J. Y., Kotabe, M., & Westjohn, S. A (2009). Global sourcing strategy and the performance of knowledge-intensive business services: A two-stage model of strategic adaptation. *Zeitschrift für Internationales Marketing,* 17, 4, 2009, 90-105.

Narasimhan, R., Talluri, S., & Mahapatra, S. K. (2006). A multi-product, multi-criteria model for product life-cycle aware supplier selection. *Decision Sciences*, 37, 4, 577-603.

Ngugi, R. W. (2003). The development of the Nairobi Stock Exchange: a historical perspective (O desenvolvimento da Bolsa de Valores de Nairobi: uma perspetiva histórica). *Kenya Institute for Public Policy Research and Analysis (KIPPRA) Discussion,* 27, Nairobi.

Oshri, I., Kotlarsky, J. & Willcocks, L. P. (2009). *The handbook of global outsourcing and offshoring. 1*st ed. Londres: Palgrave Macmillan.

Peteraf, M., & Barney, J. (2003). Unraveling the resource-based tangle, *Managerial and Decision Economics* ; 24, 309-323.

Pfeffer, J., & Salancik, G. R. (2003). *Controlo externo das organizações: A resource dependence perspective.* Califórnia: Stanford University Press.

Prajogo, D. I., & Goh, M. (2007). Actividades de gestão de operações e desempenho operacional em empresas de serviços. *International Journal of Services Technology and Management*, 8, 6, 478-490.

Quinnox, (2012*).E - Procurement the Future of Supply Chain.* Recuperado em 2 de junho de 2016, de Tech Republic.

Rajagopalan, S., & Malhotra, A. (2001). Have inventories in the US manufacturing sector really fallen? An empirical study. *Manufacturing & Service Operations Management*, 3, 1, 14-24.

Rajeev, S., & Narendar, S. (2005). Managing customs clearance uncertainties in global sourcing. *International Journal of Physical Distribution & Logistics Management,* 35; 3/4, 278.

Russel, R.S., & Taylor, B.W., (2008). *Gestão de empresas.* Prentice Hall Inc. New Jersey.

Sirman, D. G., Hitt, M. A., & Ireland, R. D. (2007). Value-creating management of corporate resources in a dynamic environment: Looking inside the black box. *Academy of Management Review,* 32, 1.

Steinle, C., & Schiele, H. (2008). The limits of Global Sourcing? Strategic consequences of international supplier dependency: Cluster theory, resource-based view and case studies. *Zeitschrift für Einkauf*

& *Beschaffungsmanagement,* 14 (1), 3-14.

Tallman, S., 2010. offshoring, outsourcing e estratégia numa empresa global. *AIB Insights,* 11(1), 3-7.

Tam, F. Y., Moon, K. L., Ng, S. F., & Hui, C. L. (2007). Production sourcing strategies and buyer-supplier relationships: A study of differences between small and large firms in the Hong Kong apparel industry. *Journal of Fashion Marketing and Management*, 11, 2, 297-306.

Tomlin, B., & Wang, Y. (2005). The value of mix flexibility and dual sourcing in unreliable new supplier networks. *Manufacturing & Service Operations Management,* 7(1):37-57.

Trautmann, G., Turkulainen, V., Hartmann, E., & Bals, L. (2009). Integration in the global sourcing organization - an information processing perspective. *La revue de la gestion de la chaîne logistique, 45*(2), 57-74.

Trent, R. J., & Monczka, R. M. (2005). Excellence in global sourcing. *MIT Sloan Management Review,* 24-32.

Tsuma. S. (2014). Práticas de sourcing global em hotéis de cinco estrelas no condado de Nairobi, Quénia. *Dissertação de MBA não publicada.* Universidade de Nairobi.

Ulrich, D., & Barney, J. B. (1984). Perspectivas nas organizações: Resource dependence, effectiveness, and population. *The Academy of Management Review,* 9(3), 471.

Vagadia, B. (2012). *Strategic outsourcing. 1* [st]ed. Londres: Springer Heidelberg Dodrecht.

Yeniyurt, S., Henke, J, N., & Cavusgil, E. (2012). Integrar o sourcing global e local para melhorar as relações de trabalho dos fornecedores. *International Business Review,* 951.

Yu, H., Zeng, A. Z., & Zhao, L. (2009). Single or dual sourcing: decision making in the face of supply chain disruption risks. *International Journal of Management Sciences,* 37, 788 - 800.

APÊNDICES

APPENDIX I: Questionnaire

PART A: BIO DATA

1. Name of the company______________________________
2. Position in the organization______________________________
3. Years of experience
    - i. Less than one year ☐
    - ii. 1 – 5 years ☐
    - iii. 6 – 10 years ☐
    - iv. Above 11 years ☐

PARTE B: PRÁTICAS GLOBAIS DE AQUISIÇÃO

The following is a list of global sourcing practices. Please indicate your level of agreement on the extent to which the following practices have been adopted by your company using the scale of 1-5 where 1= Strongly disagree; 2 = Disagree; 3 = Agree; 4 = Moderately agree & 5 = Strongly agree	Level of agreement?				
	Strongly disagree	Disagree	Agree	Moderately agree	Strongly agree
	1	2	3	4	5
1. Contract manufacturing					
a. My organization is retaining reference samples of materials and finished goods.					
b. The company undertakes monitoring of quality assurance procedures.					
c. My company has the practice of rapid feedback analysis.					
d. The company has installed controls concerning uniformity of content					

e. There is availability of manufacturing instructions					
f. My company undertakes production process validation					
g. The company has installed stability monitoring processes for the entire manufacturing process.					
h. My company has product packaging specifications for all contracted suppliers.					
2. Off shoring					
a. The vendor assists our company to build the service center but the actual work is performed by our company.					
b. My company hires an outside service provider in the chosen offshore market to help set up an offshore service center on the company's behalf.					
c. My company is involved in an arrangement where the service center is set up as a joint venture with the vendor.					
d. The company engages in build-operate-transfer model of business					
3. Global outsourcing					
a. My company undertakes supplier selection and evaluation.					
b. The company uses artificial intelligence tools.					
c. My company is involved in the determination of core competencies					
d. The company performs evaluation of vendors' performance.					
e. The company has the practice of initiation of trial contracts					
4. Dual sourcing					

a. My company involves in regular negotiation with suppliers.					
b. The company integrates the organization with the vendors.					
c. My company measures the impact of incidents for any activity.					
d. There is service level agreements for all contractual assignments.					
5. E-Procurement					
a. The company uses advertising of tenders online.					
b. My company encourages on line submission of proposals					
c. The shortlisting of suppliers is done on line for the company.					
d. The company staff makes requisition on line for all needed materials.					
e. The call for proposals is done through the company website					
f. My company is posting items specification on company website					

PARTE C: DESEMPENHO OPERACIONAL

Indicate the extent to which the following operational outcomes have been enhanced as a result of implementing global sourcing practices. 1= Not at all; 2 = Small extent; 3 = Moderate extent; 4 = Great extent; 5 = Very great extent	**What is the extent**				
	Not at all	**Small extent**	**Moderate extent**	**Great extent**	**Very great extent**
	1	**2**	**3**	**4**	**5**
Cost					
Decrease in energy bills					
Decrease in water bills					
Reduced labour cost					
Flexibility					
Variety of services					
Readily available services					
Volume flexibility					
Mix flexibility					
Product and Service Quality					
Strong brand value					
High customer loyalty					
Increase in the number of customers					
High sales revenue					
Speed of Service Delivery					
Improved communication					
High service rates					
High regulatory compliance					
Up to date procurement information					

PARTE D: OS DESAFIOS DA IMPLEMENTAÇÃO DE PRÁTICAS DE APROVISIONAMENTO GLOBAL

Abaixo encontra uma lista de desafios a enfrentar aquando da introdução do Global Sourcing. Assinale os que são relevantes para a sua empresa

1	Compatibility of equipment needed	
2	The prerequisites in e-procurement adoption	
3	Resistance to change	
4	The level of internet access by small suppliers	
5	The level of top management support	
6	The nature of global logistics	
7	Existence of tariffs and non-tariff restrictions	
8	Culture and language differences	
9	Corporate culture differences	
10	The type of international trade laws and practices	
11	The capability of suppliers	
12	Payment methods involved in these transactions.	

APÊNDICE IV: Lista de fabricantes de têxteis e vestuário no Quénia

1. Alltex EPZ Ltd. Athi River
2. Apparel Africa Ltd Mombasa
3. Apparels Trading Co Ltd. Nairobi
4. Apex Apparels EPZ Ltd. Nairobi
5. Ashton Apparel EPZ Ltd. Nairobi
6. Baraka Apparels EPZ Ltd. Nairobi
7. Bedi Investments (Export) Ltd. Nakuru
8. Birch Investment EPZ Ltd. Mombasa
9. BlueBird Garments (K) EPZ Ltd. Mombasa
10. Blue Plus Ltd. Nairobi
11. California Link EPZ Ltd. Mombasa
12. Chandhu EPZ Ltd Mombasa
13. Global Apparels Kenya EPZ Ltd Athi River
14. Heritage Woolen Mills Eldoret
15. Crown Fashions Ltd. Nairobi

16. Eagle Apparel Export Ltd.	Nairobi
17. Emke Garment Kenya Pv Limited	Mombasa
18. Equator Apparels Co. Ltd.	Nairobi
19. Excel Clothing Manufacture of apparel	Nairobi
20. Falcon Apparel Exporters Ltd.	Nairobi
21. Freba International Mall Ltd.	Nairobi
22. Heritage Woolen Mills Ltd.	Eldoret
23. JAR Kenya EPZ Ltd.	Nairobi
24. Jaydees Knitting Factory Ltd.	Nairobi
25. Kapric Apparels EPZ Ltd.	Mombasa
26. Kamyn Industries Ltd.	Mombasa
27. Kenya Knit Garments EPZ Ltd.	Mazeras
28. Kibingo Textiles Ltd.	Kerugoya
29. Ken Knit.	Eldoret
30. Kifaru Textile Mills Textile Mill.	Thika
31. Kisumu Cotton Mills Textile Mill.	Nyanza
32. Leena Apparel Ltd.	Nairobi
33. Manchester Apparels Ltd.	Nairobi
34. Maridadi Apparels Ltd.	Nairobi
35. Mash Apparels Kenya Ltd.	Nairobi
36. Mega Garments Industries (K) EPZ Ltd.	Mombasa
37. Mega Spin Ltd.	Nakuru
38. Mirage Fashion Wear EPZ Ltd.	Athi River
39. MRC Nairobi EPZ Ltd.	Athi River
40. Nakuru Industries Ltd.	Nakuru
41. Nyali Textiles Mills.	Mombasa
42. Protex EPZ Ltd.	Athi River
43. Res Apparels Ltd.	Nairobi
44. Rising Sun	Athi River
45. Rolex Garments EPZ Ltd.	Athi River
46. Rupa Cotton Mills EPZ Ltd.	Athi River
47. Sahara Stitch EPZ Ltd.	Nairobi
48. Sankam Textiles Ltd.	Nairobi
49. Senior Best Garments (K) EPZ Ltd.	Mombasa
50. Sethi Fabric Ltd.	Nairobi
51. Shin Ace Garments (K) EPZ Ltd.	Mombasa
52. SinLane EPZ Ltd.	Mombasa
53. Sino Link EPZ Ltd.	Mombasa
54. Storm Apparel Manufacturers Ltd.	Nairobi
55. Shawaz Textile Mills Textile Mill.	Nairobi

56. Tana Apparels Ltd.	Nairobi
57. Teleworld Industries Ltd.	Nairobi
58. Thika Cloth Mills Ltd.	Thika
59. Triaco Fine Textile Products.	Nairobi
60. United Aryan EPZ Ltd.	Nairobi
61. Upan Wasana EPZ Ltd.	Nairobi
62. Wild Life Works Ltd.	Voi
63. Zawadi Apparels Ltd.	Nairobi

Fonte: KAM, 2016

MIX
Papier aus verantwortungsvollen Quellen
Paper from responsible sources
FSC® C105338

Printed by Books on Demand GmbH, Norderstedt / Germany